MARIA
para hoje

Coleção **FIDES QUAERENS**

- *Vida a partir da morte: meditações sobre o mistério pascal,* Hans Urs von Balthasar
- *Maria para hoje,* Hans Urs von Balthasar
- *A Verdade é sinfônica: aspectos do pluralismo cristão,* Hans Urs von Balthasar
- *A oração contemplativa,* Hans Urs von Balthasar
- *Liberar a Liberdade: fé e política no terceiro milênio,* Joseph Ratzinger
- *A grande esperança: textos escolhidos sobre escatologia,* Joseph Ratzinger
- *Deus no espaço público: escritos sobre Europa, política, economia e cultura,* Joseph Ratzinger
- *No princípio está a communio: textos selecionados sobre Eucaristia, eclesiologia e mariologia,* Joseph Ratzinger
- *Deus, eternamente jovem e surpreendente: textos escolhidos sobre Trindade e cristologia,* Hans Urs von Balthasar
- *O mistério ardente da glória do amor: textos selecionados sobre eclesiologia, mariologia e estética ,* Hans Urs von Balthasar
- *Santidade e testemunho: escritos escolhidos sobre teologia e espiritualidade,* Hans Urs von Balthasar
- *Católico: aspectos do mistério,* Hans Urs von Balthasar

HANS URS VON **BALTHASAR**

MARIA
para hoje

PAULUS

Dados Internacionais de Catalogação na Publicação (CIP)
(Câmara Brasileira do Livro, SP, Brasil)

Balthasar, Hans Urs von
  Maria para hoje / Hans Urs von Balthasar [tradução Ney Vasconcelos de Carvalho]. – São Paulo: Paulus, 2016. – Coleção Fides Quaerens.

  Título original: Maria für heute
  ISBN: 978-85-349-4447-2

  1. Cristianismo 2. Fé 3. Maria, Virgem, Santa - Culto 4. Maria, Virgem, Santa - Teologia I. I. Título II. Série.

17-03586   CDD-232.91

Índice para catálago sistemático:
1. Maria, Mãe de Deus: Teologia dogmática 232.91

Título original:
Maria für heute by Hans Urs von Balthasar
© Johannes Verlag Einsiedeln, Freiburg (1984, ³1997)

Tradução do alemão: *Ney Vasconcelos de Carvalho*

Direção editorial: *Claudiano Avelino dos Santos*
Coordenação de revisão: *Tiago José Risi Leme*
Impressão e acabamento: PAULUS

Seja um leitor preferencial **PAULUS**.
Cadastre-se e receba informações sobre
nossos lançamentos e nossas promoções:
paulus.com.br/cadastro
Televendas: **(11) 3789-4000 / 0800 016 40 11**

1ª edição, 2016
3ª reimpressão, 2023

© PAULUS – 2016

Rua Francisco Cruz, 229 • 04117-091 – São Paulo (Brasil)
Tel.: (11) 5087-3700
paulus.com.br • editorial@paulus.com.br

ISBN 978-85-349-4447-2

I.
NO DESERTO

1.
A MULHER E O DRAGÃO

A melhor forma de começar a aprender sobre Maria e sua relação com os tempos atuais está na leitura do capítulo 12 do livro do Apocalipse: essa questão se encontra no centro deste que é o último livro da Bíblia, e que lança um olhar sobre o drama da história do mundo.

O "sinal grandioso no céu", a "Mulher vestida com o sol, tendo a lua sob os pés e sobre a cabeça uma coroa de doze estrelas", mas gritando, atormentada, entre as dores do parto, é, sem dúvida, em primeiro lugar, Israel, o povo de Deus, padecendo as dores do nascimento do Messias. Ele deve dar à luz alguém que é, porém, muito mais do que um ser humano comum: de que forma isso deve acontecer, então? E as dores não são apenas internas: a elas soma-se a incomensurável angústia diante do monstro, um grande Dragão cor de fogo, com suas sete bocas escancaradas, pronto para "devorar o filho, tão logo nascesse".

Mas é na flor mais sublime de Israel, na essência de toda a sua esperança e de toda a sua fé, que tem lugar o nascimento do menino, que, como afirma o salmo, "irá reger as nações com um cetro de ferro", ou seja, que recebe de Deus o poder absoluto sobre a Criação. O poder, inclusive, sobre a morte, sobre o fato de ser devorado pelo Dragão, de modo que, ressurgindo para além de sua morte, pode ser "arrebatado para junto de Deus". Essa plenitude da fé de Israel foi uma pessoa determinada, chamada Maria, que concebeu na carne o Messias e com ele compartilhou, experimentando e sofrendo, todo o seu destino, até sua crucificação e ascensão ao trono de Deus. O que foi feito dela?

Primeiramente, afirma-se que ela "fugiu para o deserto, onde Deus lhe havia preparado um lugar". No entanto, antes de sabermos mais sobre ela, há a descrição de uma batalha decisiva no céu: após o Messias ser arrebatado ao céu, Miguel e seus Anjos guerreiam contra o Dragão e seu séquito; estes últimos não conseguem resistir: "O grande Dragão, a antiga serpente, o chamado Diabo ou Satanás, sedutor de toda a terra habitada", é expulso do Paraíso eterno para a terra, limitada em sua finitude. O céu está pleno de júbilo, mas um grito ecoa sobre a terra, pois "o Diabo desceu para junto de vós cheio de grande furor, sabendo que lhe resta pouco tempo".

E então, o Dragão e a Mulher se encontram novamente, frente a frente; e o Dragão não tem outro objetivo além de "perseguir" a Mulher. Encontramo-nos, agora, na época após Cristo, que no Apocalipse é sempre medida da mesma forma: "1260 dias", ou "42 meses", ou, como aqui: "um tempo, tempos e metade de um tempo". Isso significa um tempo que, para o homem, parece duas vezes mais longo, e que, no entanto (como se diz em outro lugar), "é reduzido (pela metade) para o bem dos eleitos". Essa é exatamente a época em que vivemos, em que também vive a Mulher, que era Israel e que se tornou Maria, e por fim se tornou a Mãe de todos os irmãos e irmãs de Jesus. No Apocalipse, Maria se torna a Igreja, uma vez que lá se afirma que o Dragão, em seu furor "por causa da Mulher", havia iniciado uma guerra "contra o resto dos seus descendentes, que observam os mandamentos de Deus e mantêm o Testemunho de Jesus".

O ódio do Diabo à Igreja é tão grande pelo fato de ele nada poder fazer contra ela. A Mulher "recebeu as duas asas da grande águia para voar ao deserto", para um lugar onde ela pudesse, a salvo da Serpente, ser "alimentada" ao longo da história do mundo. É uma segurança precária, pois "a Serpente, então, vomitou água como um rio atrás da Mulher, a fim de submergi-la". Mas agora a terra "veio em socorro da Mulher: a terra abriu sua boca e engoliu o rio que o Dragão vomitara".

Que situação! A Mulher está em fuga, mas é bem-sucedida em sua empreitada, uma vez que lhe foram dadas as asas da grande águia: as asas de Deus, que, como a águia, toma seus filhotes sobre suas asas, tira-os do ninho e os leva para o ar, para assim perderem o medo. Foi esse o procedimento de Iahweh para com Israel. Para os pequenos filhotes, carregados para o espaço vazio, toda essa vastidão se parece, obrigatoriamente, com o duro deserto. Mas é justamente o deserto o "lugar mais seguro", para onde Deus leva a Mulher, e onde ele cuida de sua alimentação, de um modo miraculoso, no tempo da história, assim como alimentara Israel no deserto. Aquele era um deserto geográfico, que hoje pode ser cruzado por um avião em pouco tempo. Isso não é possível com o deserto onde a Igreja tem de morar, antes do fim dos tempos. Antes havia um êxodo em direção a uma terra prometida. Não há, hoje, uma terra semelhante prometida à Igreja. A ela é prometida apenas uma terra para além da história: um novo céu e uma nova terra.

A Igreja significa uma existência entre a torrente vomitada pelo Dragão e o alimento do céu, ameaçada de morte e, no entanto, protegida em um lugar preparado por Deus; porém, uma existência, para todos os filhos da Igreja, em uma incessante "guerra" contra os poderes satânicos. A Igreja não é uma entidade distinta dos seus filhos: ela vive neles, assim como os seus filhos vivem nela, e através dela. Por essa razão, o destino deles coincide com o destino dela: eles estão expostos à ira da Serpente e, enquanto lutam, são protegidos e alimentados por Deus. "Eis que o vosso adversário, o diabo, vos rodeia como um leão a rugir, procurando a quem devorar. Resisti-lhe, firmes na fé, sabendo que a mesma espécie de sofrimento atinge os vossos irmãos espalhados pelo mundo" (1Pd 5,8s). "Revesti-vos da armadura de Deus, para poderdes resistir às insídias do diabo. Pois o nosso combate não é contra o sangue nem contra a carne, mas contra os Dominadores deste mundo de trevas" (Ef 6,11s).

Trata-se de poderes cheios de cólera, e não indiferentes. Após Cristo, eles se desdobraram em uma espécie de trindade antidivina, como é descrito minuciosamente pelo Apocalipse: o antigo Dragão cria para si uma forma dominadora da história do mundo, a Besta, que surge das profundezas do mar, na qual ele "é adorado", e a quem é dado o poder "para guerrear com os santos e vencê-los". A Igreja pode sofrer derrotas, ser dizimada e humilhada, até a aflição e o tormento finais, dos quais Cristo falou no Evangelho; até o cerco da "cidade amada", como afirma o Apocalipse. "Quando começarem a acontecer essas coisas, erguei-vos e levantai a cabeça, pois está próxima a vossa libertação" (Lc 21,28).

Na história da Igreja, não se trata de uma luta favorável a ela, sobre a terra. Pois ainda que seus filhos lutem essa batalha, a Igreja, ela mesma – e com isso, também a sua "descendência" –, permanece no deserto até o fim dos tempos. Ali, e somente ali, ela se encontra protegida, conduzida pelas asas de Deus. O deserto é a sua terra prometida.

2.
CUSPIDA E ALIMENTADA

Maria, a "Mãe-Igreja", e, ao mesmo tempo, a "Mãe da Igreja" – ela pode ser as duas coisas, uma vez que, aos pés da cruz, junto ao discípulo amado, tornou-se a imagem e a célula originais da comunidade fundada pelo Crucificado, e ao mesmo tempo recebeu o apóstolo e, nele, todos os cristãos como filhos –, vivenciou antecipadamente, na discreta reclusão de sua vida terrena, tudo aquilo que os seus filhos mais tarde viverão, na forma de agruras e consolos ao longo da história. Aquilo, por exemplo, que o apóstolo Paulo anuncia, em alto e bom som, que o seu próprio destino é um modelo para todos – que ele, apesar de fraco, desprezado, apátrida, com efeito julgado como sendo a escória do mundo, mesmo assim jamais se sentiu abandonado, jamais desesperado ou aniquilado –, pode ser pressentido, em tonalidades bem mais contidas, na vida de Maria.

Como terá ficado sua situação quando as pessoas mais próximas ficaram sabendo de sua gravidez, sobre a qual ela não tinha falado palavra alguma? Pois certamente não foi apenas José quem ficara sabendo do fato, antes que começassem a conviver sob o mesmo teto, mas também outras pessoas que, ao contrário do noivo, deixaram a língua correr solta. E para estes, de que adiantou José ter sido instruído, em sonho, a recebê-la em casa como sua esposa? O escândalo surgido em torno a ela e, com isso, também em torno a seu filho não desapareceu depois disso. Nem José terá conseguido dar nenhuma explicação capaz de acalmar os ânimos. Aos poucos, porém, a poeira foi baixando, e as pessoas se conformando com o fato de que essa criança devia ser, afinal, filho de José. Em todo caso, muitos pensaram que, tão logo chegassem os "dias da purificação" da mãe, ela com certeza teria necessidade de participar dessa cerimônia "prescrita pela Lei de Moisés" (Lc 2,22). Não podemos saber se Maria, mesmo mais tarde, talvez até se mudar para a casa de João, não teria sofrido certa desconfiança da parte das pessoas.

É, no entanto, evidente que, desde o início da vida pública de Jesus, ela teve de viver em grande proximidade com os seus parentes, que, como relata João, não acreditavam nele, embora o instigassem a realizar milagres publicamente, talvez para ganhar algum dinheiro com ele (Jo 7,3). Mas, uma vez que ele estava indo longe demais e conduzindo as coisas ao seu modo, "os seus [...] saíram para detê-lo, porque diziam: 'Enlouqueceu!'" (Mc 3,20s). Maria está no meio dessas pessoas; ela vem junto com elas para vê-lo; Jesus é informado de que sua Mãe e seus parentes estão lá fora, a chamá-lo, mas ele as deixa do lado de fora da porta, até voltarem para casa, sem nada conseguirem (Mc 3,31ss). Devemos procurar imaginar o que pode ter passado na intimidade do pensamento de sua Mãe: "Será que eu não conto mais para ele? Ele me deixou esperando?". Ela escuta uma quantidade de rumores parcialmente distorcidos, e certamente não recebeu nenhuma carta da parte dele; vive em um deserto de preocupações e angústias. Não sabemos de que maneira o Espírito Santo, que um dia a havia coberto com sua sombra, alimenta-a nesse deserto. Provavelmente, porém, ela era alimentada, acima de tudo, com aquilo que havia de mais fecundo: a noite dos sentidos e do espírito, até chegar à fé mais pura e despojada, que, por fim, tornou-a capaz de testemunhar o horror da crucificação do seu Filho, e de não apenas perdê-lo, mas também ser consignada a um outro como Mãe, em um solene testamento.

Certamente ela teve as alegrias de uma mãe com seu filho, pequeno e indefeso, que aos poucos ia crescendo; milhares de imagens da Madonna descrevem isso à exaustão. Mas quem terá sido capaz de pintar para nós a mulher solitária, atravessando dias intermináveis de angústia e temor, e que, sem dúvida, não entendia o que estava realmente acontecendo? Ela ouvira falar da espada que atravessaria sua alma. Mas não podia prever de que modo seria o seu sofrimento. Quando se deu um primeiro incidente, em que o menino de doze anos deixou seus pais sem nenhum aviso e, em seguida, com uma suave repreensão, afirmou que eles tinham a obrigação de saber que o seu lugar era no Templo: eles não entenderam. Não se pode imaginar que, logo após, durante seu caminho de volta a Nazaré, ele lhes tenha dado uma explicação que minimizasse sua incompreensão. É suficiente o fato de que ele "lhes era submisso".

E certamente nos é afirmado por duas vezes, nos relatos sobre a infância, que ela conservava no coração tudo o que era dito sobre o seu filho, bem como tudo o que ele próprio dizia, e sobre isso meditava constantemente. Na segunda passagem, porém, isso está escrito no versículo seguinte àquele onde lemos que "eles não compreenderam a palavra que ele lhes dissera". Ela reflete, assim, sobre qual o significado daquilo que ela não compreende. E não faria isso se não soubesse que a natureza e o destino desse jovem eram algo de único, e que seriam adequadamente revelados no futuro. Porém, assim como Jesus não antecipava o destino a ele reservado, mas deixava-se conduzir a cada dia por seu Pai, tampouco sua Mãe anteciparia alguma coisa do que estava por vir; era inerente à sua fé (a plenitude da fé de Abraão) aceitar sempre e apenas aquilo que Deus colocasse para ela. Isso está de acordo com as bem-aventuranças pobreza de espírito e pureza de coração: o coração e o espírito se esvaziam hoje, dando espaço para que Deus e o seu Reino sejam contemplados. Seria estranho se Maria renegasse sua experiência de fé terrena e passasse, então, a dar revelações proféticas sobre o futuro (como a conversão da Rússia etc.).

O paradeiro indicado por Deus à Mulher é o deserto, e Ele próprio se encarrega de levá-la até lá sobre suas asas de águia. Ao longo da história, a Igreja tem de perceber que recebe o alimento suficiente da parte de Deus, para não perecer no deserto, e mantém-se longe o bastante da Serpente que a persegue, para não ser arrastada pelo seu vômito. Isso deve bastar para ela.

3.
OS FILHOS DA MULHER FAZEM A GUERRA

Os filhos da Mulher se caracterizam pelo fato de que "observam os mandamentos de Deus e mantêm o Testemunho de Jesus". Os mandamentos de Deus se resumem, tanto em João quanto em Paulo, no mandamento único do amor: manter-se no Testemunho, em uma atitude de perseverança paciente e inabalável, a despeito de todos os ataques e tentações. Aqui, nada mais é necessário além da "perseverança dos santos, os que guardam os mandamentos de Deus e a fé em Jesus" (Ap 4,12).

Em nenhum lugar do Novo Testamento os cristãos combatem com outras armas. Mesmo a "armadura de Deus", que Paulo descreve detalhadamente (Ef 6,13-18), mostra apenas, de forma mais clara, com que armas os cristãos se defendem: verdade, justiça, prontidão para anunciar a Boa-Nova, fé, confiança na salvação, a espada espiritual da Palavra de Deus e a oração constante. São armas puramente "divinas", de modo algum terrenas. Mas o Apocalipse, assim como, de resto, os Evangelhos e o destino de Paulo nos mostram que essas são as únicas armas eficazes. "As armas com que combatemos não são carnais, mas têm, ao serviço de Deus, o poder de destruir fortalezas. Destruímos os raciocínios presunçosos e todo poder altivo que se levanta contra o conhecimento de Deus" (2Cor 10,4ss). São os "sofismas" que são destruídos, não países e culturas estrangeiros que são conquistados e cristianizados à força. O que não quer dizer que os cristãos devam permanecer em casa; eles receberam do Senhor a ordem para se lançarem em missão por todos os países do mundo. Mas sem nenhuma outra arma, além daquelas utilizadas por seu Senhor, e a eles comunicadas: "Não leveis para a viagem, nem bastão, nem alforje, nem pão, nem dinheiro, tampouco tenhais duas túnicas" (Lc 9,13). Quando o Logos cavalga na batalha através da história do mundo, com seu "manto embebido de sangue" (Ap 19,11-16), seguido pelos seus "chamados, os escolhidos, os fiéis" (Ap 17,14), ele o faz com nenhuma outra arma além daquelas acima mencionadas. A arma mais afiada é a espada de dois gumes, que sai da boca do Verbo de Deus (Ap 1,16; 19,15), e que não é outra coisa senão ele mesmo: pois ele veio ao mundo "para trazer a espada" (Mt 10,34), que separa penetrando no mais profundo (Hb 4,12s): sim ou não.

No entanto, deve-se observar que os filhos da Mulher lutam; a Mulher, embora perseguida, não luta. Os filhos podem ser derrotados pelos poderes do Mal (Ap 11,7; 13,7); a Mulher, a Igreja virgem e gestante, não. Ela está alojada, por todo o tempo da história do mundo, no "lugar preparado por Deus para ela", onde não tem de lutar por sua subsistência, mas é "alimentada" por Deus. O poder do Dragão não consegue tocar nessa Igreja feminina e mariana: "As portas do inferno não prevalecerão sobre ela". A rocha de Pedro está aí também assegurada, daí a advertência: "Guarda a tua espada no seu lugar". Tanto Paulo quanto João Paulo II atravessam o mundo sem espada alguma; basta-lhes dar testemunho: Essa é a sua arma mais poderosa, e os sucessores de Pedro podem sempre encontrar, em uma Igreja mariana, uma fonte de renovação de suas forças para continuar dando esse testemunho.

II.
DANDO À LUZ NA DOR

II.
DANDO Á LUZ NA LOR

1.
ADVENTO

Os nove meses do Advento de Maria não transcorreram sem dores. Pois, ainda que ela tenha sido preservada do pecado original, a fim de dar o "Sim" pleno, necessário para a Encarnação do Verbo de Deus, isso não significa que as dores impostas, desde o princípio, à mulher grávida lhe tenham sido poupadas: "Multiplicarei as dores de tuas gravidezes, na dor darás à luz filhos" (Gn 3,16). O que Maria teve de sofrer é expiação em favor de Eva e suas descendentes. Ela se solidariza com a mãe da raça humana, justamente porque é isenta do pecado; e se solidariza de modo ainda mais estreito com o seu povo, Israel, que, como um todo, sofre continuamente as dores do parto do Messias. Ela pertence à plenitude da Aliança com o povo que representa a humanidade inteira; e justamente porque, desde sempre, pertence à "Nova Aliança" prometida (Jr 31,31), ela está ligada, da maneira mais íntima, com a Aliança divina original, à qual Paulo denomina, uma única vez, o "Antigo Testamento" (2Cor 3,14).

Não é necessário apontarmos, primeiramente, para o crescente embaraço de sua gravidez; essa foi, certamente, a mais simples das preocupações da "humilde serva do Senhor". Entretanto, estaria ela, uma frágil moça, à altura da colossal promessa a ela feita, de trazer ao mundo o Filho do Altíssimo – como o chamou o anjo? De fato, essa era também, de algum modo, a preocupação daqueles mais fiéis em Israel: como poderia alguém tão puro e singular, como o Messias do fim dos tempos, sair do meio desse povo sempre pecador e continuamente dividido? Mesmo que se consiga imaginá-lo existindo previamente, abrigado no céu, Israel estaria envolvido, de algum modo, em sua vinda à terra.

Em seu Advento, Maria passou, sobretudo, por sofrimentos espirituais; em toda gravidez vivida de modo genuinamente humano, há certa intercessão, uma espécie de compaixão por aquela criança que está vindo, que é oferecida a ela, por ocasião do seu nascimento, como um dom de graça para o caminho de sua vida. Uma esperança abnegada, uma recomendação a Deus, ou – quando não se conhece a Deus – aos poderes invisíveis que guiam o destino do homem. Com que cuidado Maria deve ter rezado por aquela criança que crescia em seu interior, e como deve ter se preocupado com ela antecipadamente! Teria tido ela algum pressentimento de que o Messias teria de sofrer? Não sabemos. Mas algum tipo de destino superior forçosamente o aguardava. Simeão, no Templo, lhe confirmaria isso: "Eis que este menino foi colocado para a queda e para o soerguimento de muitos em Israel, e como um sinal de contradição". Para a mulher, a gravidez não prossegue sem alguma ansiedade; para Maria, não sem o presságio da cruz. Ela participa da cruz antecipadamente, de um modo indefinível.

Não podemos saber até que ponto esses sofrimentos espirituais foram acompanhados por dores físicas; mas é perfeitamente possível que eles tenham durado até um pouco antes do nascimento, que acabou se consumando como um milagre, como o súbito início daquilo que seria definitivo. No nascimento toda dor se dilui em pura luz: Weih-Nacht[1*]. De que modo o seu útero se abriu e, em seguida, fechou-se novamente, nós não sabemos, e é supérfluo especular sobre um acontecimento que, para Deus, foi algo insigni-

---

[1*] *Weihnacht* = Natal, em alemão. Termo formado por duas palavras: *Weih* = consagração + *Nacht* = noite. Literalmente: "noite consagrada", ou "noite da consagração". (N.T.)

ficante e muito menos importante que o fato de ela ter sido originalmente coberta pela sombra do Espírito Santo. Quem aceita esse primeiro milagre – e, enquanto fiel, tem de aceitar, do contrário Jesus teria tido dois pais –, não deveria se contorcer para aceitar o segundo, o nascimento virginal. É verdadeiramente surpreendente, para os judeus, que eles tenham traduzido, decisivamente, a antiga profecia hebraica: "Eis que a *jovem* (*Jung[e] Frau*) concebeu" para o grego como "Eis que a *virgem* (*Jungfrau*) concebeu" – e em Is 7,14 o termo poderia já possuir exatamente esse sentido, de "virgem". E apenas assim é justificável que, do Filho virginal em diante, a fecundidade virginal deva se tornar uma "vocação" específica na Igreja, para homens e mulheres (1Cor 7).

2.
"MEUS FILHOS, POR QUEM EU SOFRO DE NOVO AS DORES DO PARTO"

Se, na Igreja, a vida virginal, em seguimento não apenas à vida de Jesus, mas também à de Maria, torna-se um dom da graça, isso acontece, sem dúvida, em associação imediata com as dores inerentes à gravidez. Se essa forma de vida quiser apresentar uma fecundidade nova e elevada, deve se tratar de uma vocação, e não de uma simples existência celibatária de solteirões – e solteironas. Deve-se tratar de uma entrega consciente da fecundidade corporal que, no entanto, pode apenas ressaltar o que está destinado a morrer, para tomar parte na nova fecundidade da cruz e ressurreição, capazes de gerar e dar à luz aquilo que é verdadeiramente imortal. Nisso se distingue mais profundamente a virgindade cristã das asceses hostis à existência, encontradas em outras religiões; pode-se dizer que aquela é o oposto destas últimas. Não apenas devido à sua fecundidade, mas porque ela é um claro dom de Deus: não é assumida autonomamente, mas recebida como graça. Com efeito, Paulo gostaria que todos vivessem como ele, mas, uma vez que isso não é algo que dependa de uma decisão própria, e sim de uma escolha (*klēsis*), cada um deve seguir a vida que Deus escolheu (1Cor 7,24).

Paulo, que ainda não tem como saber o quanto de caráter mariano a sua virgindade possui, vive-a pleno de consciência como uma gravidez associada às dores do parto por seus "filhos". Ele carrega em seu útero a comunidade dos Gálatas, em iminente perigo de apostasia, e "sofro de novo as dores do parto, até que Cristo seja formado em vós" (Gl 4,18). Ele sofre conscientemente bem menos por aquelas comunidades ainda não nascidas do que por aquelas que, embora tenham sido efetivamente fundadas, correm o risco de um parto prematuro no interior do útero apostólico. "Quem fraqueja, sem que eu também me sinta fraco? Quem cai, sem que eu também me sinta febril?" (2Cor 11,29). Esse aguilhão lhe é imposto pelo próprio Deus, e é algo tão insuportável que "por três vezes pedi ao Senhor que o afastasse de mim".

A resposta, porém, foi negativa: "Basta-te a minha graça, pois é na fraqueza que a força manifesta todo o seu poder" (2Cor 12,9). Uma vez que compreende isso, Paulo prefere se gloriar "das minhas fraquezas, para que pouse sobre mim a força de Cristo. Por isso, eu me comprazo nas fraquezas, nos opróbrios, nas necessidades, nas perseguições, nas angústias", pois tudo isso cria espaço em mim para a ação eficaz de Cristo (2Cor 12,9-19). Preocupa-o pouco o fato de que a comunidade o considere pouco dotado, pois isso lhe dá a oportunidade de tomar para si as suas (dela) falhas, e fazê-la renascer como fortaleza, a partir das suas (dele) fraquezas. "Assim a morte trabalha em nós; a vida, porém, em vós" (2Cor 4,12). E a morte que nele trabalha não é nenhum tipo de morte neutra, ou meramente ascética, mas unicamente a fecunda morte redentora de Jesus Cristo, que dá a força a ele próprio para gerar em todas as épocas, a partir de si, aqueles que creem e que amam. "Por certo, foi crucificado em fraqueza, mas está vivo pelo poder de Deus" (2Cor 13,4).

Paulo dá somente a descrição mais detalhada dessa fecundidade, que provém da vida casta de Jesus – e, através dele, de sua Mãe, de José, de João Batista, do discípulo amado, e de tantos outros cristãos que vieram depois. Basta que pensemos na força de fecundidade espiritual dada aos grandes fundadores de ordens religiosas, a Bento, Francisco ou Inácio: uma força que não se esgota com o passar dos séculos e dos milênios. Ela é a razão decisiva pela qual a Igreja Católica e, à sua maneira, também a Ortodoxa persistem tão obstinadamente no celibato dos sacerdotes. Se for vivido conscientemente, e com a correspondente prontidão a sofrer "as dores do parto, até que Cristo esteja formado" naqueles que foram confiados aos celibatários, se a origem mariana dessa graça for, de fato, compreendida, o celibato poderá sempre, e de modo concreto, ser "reconhecido pelos seus frutos".

3.
DANDO À LUZ O PARAÍSO

Como virgem, Maria deu à luz o tempo final, com o seu Filho, pois ela é a essência mais profunda de Israel, que esperou as dores do parto do Messias como um sinal do surgimento do mundo definitivo. O Filho, porém, que vem do Pai e ao Pai retorna (Jo 16,28), preparou para nós o caminho para o céu: "Eu sou o caminho; vou preparar-vos um lugar" (Jo 14,2.6). O Paraíso, que ele prepara para nós, não é um lugar prontinho; deveríamos, ao contrário, afirmar que foi apenas através de sua partida, de sua "ascensão", que ele se tornou propriamente disponível para nós. Estar no céu significa: "Morar junto do Senhor" (2Cor 5,8). "O meu desejo é partir e ir estar com Cristo, pois isso me é muito melhor" (Fl 1,23). Na medida em que estamos em Cristo, compartilhamos também de sua estadia no seio do Pai – e o Pai é ainda muito menos um "lugar": esse compartilhamento é exatamente o que nos aguarda, em termos de Paraíso. Certamente, o Filho transfigurado não está sozinho nesse seu Paraíso, mas a incontável multidão reunida em torno a ele tem acesso a essa eternidade apenas através dele, "o Primogênito dos mortos (tendo em tudo a primazia), pois nele aprouve a Deus fazer habitar toda a Plenitude" (Cl 1,18s). Essa Plenitude é também a plenitude dos céus; a Jerusalém celeste não é apenas a sua noiva por toda a eternidade, mas também, enquanto tal, a plenitude dos seus membros, seu Corpo adulto e maduro.

Têm razão, então, os cristãos quando afirmam que esperam "ir para o céu"; por outro lado, porém, têm consciência de que devem "merecer o céu", ou, dito de outra forma: ajuntar "tesouros no céu" (Mt 6,20), preparar-se, portanto, através de uma vida verdadeiramente cristã, para o lugar reservado para cada um no Paraíso; com efeito, pode-se verdadeiramente afirmar: dar à luz o seu céu no final de uma gravidez terrena. Naturalmente, não por suas próprias forças, mas pela força da fé em Cristo, conformando-se a ele. Se levarmos isso em consideração – e essa não é uma ideia presunçosa –, a proclamação da Assunção corporal de Maria ao céu não parecerá mais tão estranha.

Nossa existência se inicia na terra; nascemos, antes de tudo, na comunidade dos pecadores, e somente através do batismo, ou de algum outro caminho da graça, somos recebidos na comunidade dos agraciados por Deus através de Cristo. Maria, em contrapartida, permanece, no plano salvífico de Deus, em um lugar sem comparação. Ela permanece, dentro desse plano salvífico, como um membro imprescindível para a sua realização: sua isenção do pecado é a condição para que o Verbo de Deus possa ter-se encarnado. Essa não era, primordialmente, uma questão física, mas algo que exigia um pleno consentimento espiritual, algo como um colo espiritual, de modo que Deus pudesse se estabelecer na comunidade dos homens. A pessoa de Maria como um todo, alma e corpo, indivisivelmente, constituiu o receptáculo para essa Sua entrada. A partir desse juízo, de que Maria, como um todo, teve sua origem no plano celestial de Deus, a Igreja entende que Maria poderia também ser assunta na mesma totalidade agora tornada real, onde desde sempre teve o seu lugar. Certamente, pode-se afirmar que também ela, através dos seus "méritos" terrenos, todo o seu sofrimento, chegando até a Pietà, sofreu as dores do seu céu, mas ela foi sempre tão livre e determinada que não poderia haver nenhum acidente, nenhum aborto durante sua gestação do céu.

Nós, pobres pecadores, rezamos a ela pela hora de nossa morte: ela é "a porta do céu", "zeladora do portal celestial", muito mais que

Pedro, facilitando-nos o acesso a seu Filho *per Mariam ad Jesum*. É o auxílio de que precisamos para alcançarmos o nascimento no céu.

O Antigo Testamento não sabia nada do Paraíso; a queixa dos Salmos, de que, com a morte, todo o louvor a Deus cessa, é alarmante o suficiente para demonstrar isso. Mesmo aqueles que creram antes de Cristo, e peregrinaram em busca dos "bens prometidos", viram a pátria apenas de longe, sem obter "a realização da promessa": "para que sem nós não chegassem à plena realização" (Hb 11,40). Era necessário que "o Primogênito dos mortos" ressuscitasse (Cl 1,18): "Como primícias, Cristo; depois, aqueles que pertencem a Cristo" (1Cor 15,23), de modo que ao vidente pode ser dito: "Felizes os mortos, os que *desde agora* morrem no Senhor" (Ap 14,13). Desde agora o céu pode nascer das dores da terra, e quanto mais a história do mundo seguir os passos de Cristo rumo à cruz, mais fecundo poderá ser esse nascimento.

Não é estranho que tenha de "descer do céu, de junto de Deus, a Cidade santa, uma Jerusalém nova" (Ap 21,2), quando, na verdade, deveria se pensar o contrário, isto é, não seria a Jerusalém terrena, enquanto símbolo da Cidade e do Reino de Deus na terra, que deveria ser, no final, elevada ao céu e transfigurada? No entanto, "desde agora" não há mais nenhuma Jerusalém terrena, desde que o Cristo celestial se tornou, para sempre, um Cristo encarnado. Paulo nos esclarece isso de modo pormenorizado: a chamada Jerusalém de agora "é escrava com seus filhos. Mas a Jerusalém do alto é livre e essa é a nossa mãe, segundo está escrito: 'Alegra-te, estéril, que não davas à luz, põe-te a gritar de alegria, tu que não conheceste as dores do parto, porque mais numerosos são os filhos da abandonada do que os daquela que tem marido'" (Is 54,1; Gl 4,26ss). A "estéril" é a Virgem; ela tem os filhos numerosos. Seja como for que a chamemos agora, Maria, a Igreja celestial ou "nossa Mãe do alto": ela é aquela através da qual, e em relação à qual, nós, pobres pecadores, podemos dar frutos.

III.
MARIA, A MEMÓRIA DA IGREJA

1.
AS REFLEXÕES DE MARIA

A descrição de Maria como memória da Igreja provém da homilia do Santo Padre [São João Paulo II], por ocasião da solenidade de Maria, Mãe de Deus, em 1º de janeiro [de 1987], na basílica de São Pedro, na qual anunciou sua nova encíclica sobre a Mãe de Deus. Meditemos um pouco, aqui, sobre essa descrição. Ela pode nos parecer algo novo e não muito usual – ao lado dos inúmeros títulos até então atribuídos a Maria –, mas nos chama a atenção para um importantíssimo aspecto de sua relação com a Igreja, ou seja, conosco.

Por duas vezes São Lucas ressalta o fato de que Maria "conservava e meditava em seu coração" as palavras sobre o seu filho: as palavras dos pastores e as palavras do próprio Jesus, que seus pais "não compreendiam". E justamente porque eram tão misteriosas, Maria tinha a ocasião de refletir continuamente sobre elas. Com efeito, já na cena da Anunciação, quando o anjo lhe diz que ela encontrara graça junto de Deus, ela fica intrigada (como, aliás, todos aqueles personagens bíblicos a quem se dirige a palavra de Deus), mas "pôs-se a pensar qual seria o significado da saudação" (Lc 1,29). Ela está sempre envolvida em mistérios cujo sentido lhe excedem, mas isso não faz com que ela fique em uma atitude de resignação diante dessas palavras. Ao contrário, ela lhes abre espaço em seu coração, para ali meditar sobre elas, de um modo constantemente vivo (a palavra grega para isso, *symballein*, significa, com efeito: agitar, remexer, e assim, examinar por todos os lados).

Isso não significa que ela consiga ver tudo de modo perfeito desde o primeiro momento, mas, ao contrário, que ela empreende um trabalho incansável para entender tudo isso, que está tão acima de suas capacidades, da melhor maneira possível. Para tanto, ela passa por uma experiência original: é-lhe anunciado que conceberá um filho não de um homem, mas do Espírito Santo. E eis que ela, a Virgem, fica grávida. E esse filho lhe é descrito como o "Filho do Altíssimo" (Lc 1,32): como, porém, uma judia podia compreender que Iahweh tem um Filho? E, no entanto, sua gravidez é real. A encarnação é um fato sobre o qual terá de pensar sempre, sem o compreender.

E de que modo, então, vem a acontecer o incompreensível? "O Espírito Santo virá sobre ti e o poder do Altíssimo vai te cobrir com a sua sombra". O anjo lhe anuncia não apenas a Encarnação, mas fundamentalmente todo o mistério da Trindade: "O Senhor está contigo" – trata-se de Iahweh, Deus-Pai, a quem ela conhece. Para que depois reflita em suas meditações: "Conceberás no teu seio e darás à luz um filho", que será, também, filho de Davi. Diante de sua pergunta sobre como teria de agir, uma vez que esse filho não pode vir de um homem: "o Espírito Santo". A Trindade está, assim, envolvida naquilo que está lhe acontecendo. Abre-se uma oportunidade para uma interminável reflexão, diante de um fato com essa profundidade (com efeito, trata-se do Filho de Davi, isto é, do Messias!), onde ela vê a realização de todas as promessas de Deus, bem como pressente algo de sua Paixão. E isso ocorre de modo tão mais intenso quanto mais a criança cresce, sai de casa, forma uma nova família (Mt 12,46-50), e é, por fim, derrotado, condenado e crucificado. Agora ela já está acostumada a ter de compartilhar a experiência desse fato, e compreenderá, finalmente (na noite escura da incompreensão!), as palavras de Simeão: "Uma espada traspassará tua alma" (Lc 2,35). Não nos esqueçamos de que ela possui, desde o princípio, a graça plena do Espírito Santo, e que, por essa razão, essa "reflexão" sobre tudo o que lhe acontecia não pode ser um tatear no escuro, mas um sereno crescimento e amadurecimento de sua intuição, que é, com efeito, a intuição da simples "serva do Senhor".

De fato, é impressionante como ela, por ocasião das bodas de Caná, já havia compreendido tudo! Ela já compreendera que podia interceder pelos pobres anfitriões, que não tinham mais nada para oferecer, pois o seu filho pode dar um jeito na situação, se assim o quiser; que não podia desistir, diante de sua recusa (como se já compreendesse as parábolas da pessoa batendo na porta do amigo à meia-noite [Lc 11,5ss] e do juiz iníquo [Lc 18,1-8]); e, por fim, que devia deixar tudo nas mãos do filho: essa era a maneira mais segura para que todos os pedidos fossem atendidos segundo a vontade de Deus: "Fazei tudo o que ele vos disser" (Jo 2,5). Ela já havia compreendido muito do dogma e da vida prática cristã, tendo simplesmente como base o seu "Sim" incondicional. E podemos ousar afirmar: ela também entendeu, aos pés da cruz, que temos de dizer sim àquilo que é mais incompreensível. Tudo isso permanece inquebrantável em sua memória. Ninguém possui uma memória tão completa, desde o primeiro momento, da Encarnação, até a cruz, à descida da cruz, o enterro e a ressurreição. Aqui devemos citar Santo Inácio de Loyola: Jesus, antes de todos, "apareceu a Nossa Senhora; embora a Escritura não afirme isso de modo explícito, pressupõe que tenhamos esse entendimento, conforme está escrito: 'Vós também não compreendestes?'" (Exercícios, n. 220, 299).

E quando Maria é, então, entregue como Mãe a João e, com isso, aos apóstolos e a toda a Igreja, nós a vemos, desde então, reunida com eles em oração ao Espírito Santo (At 1,14). Terá Pentecostes algum significado também para ela?

2.
MARIA E PENTECOSTES

Inicialmente, podemos nos confiar à sabedoria de Romano Guardini:

Algo divinamente grandioso deve ter acontecido quando, pela luz do Espírito, tudo ficou claro para ela, que "conservava tudo no seu coração": a coesão da existência de Jesus estava revelada. Ao longo dos anos da vida pública de Jesus, ela teve de manter a confiança, em uma fé heroica; agora ela recebeu a fulgurante resposta, que resolve todas as questões.

Pode-se imaginar, facilmente, que ela deve sempre ter entendido o Senhor melhor do que qualquer outra pessoa. Humanamente falando – se é que se pode falar, aqui, em humano –, não há dúvida alguma. Historicamente, ninguém tinha mais condições do que ela de dar informações sobre ele. Por outro lado, não é por acaso que está escrito no Evangelho que ela "não entendeu aquilo que ele lhes dissera". Provavelmente ela não teria suportado um entendimento completo. O caminho da autêntica experiência da vida fiel no amor é maior que a antecipação de coisas que, na condução de Deus, têm seu lugar apenas mais tarde. Reconhecer que a criança, o rapaz, o jovem e o homem que viveu ao seu lado é o Filho de Deus no sentido como foi revelado após Pentecostes iria colocá-la em uma situação insuportável. Aquela segurança, sem a qual uma existência maternal não é possível, teria desaparecido. Agora, porém, o mistério de Deus pode ser revelado, na medida em que isso é possível na terra. Ela não tem mais necessidade de nenhuma proteção diante daquilo que está muito acima da compreensão humana. Consegue conciliar, em seu pensamento, ambas as frases: "Ele é o Filho do Pai eterno" e "Ele é o teu filho", sem entrar em um colapso, ou sequer ficar confusa. Na verdade, ela reconhece, nessa unidade, o inefável conteúdo de sua vocação.

Essa descrição, de Guardini, acerca do efeito do Espírito sobre Maria em Pentecostes, em que ela – a exemplo de inúmeras representações do Pentecostes feitas na Idade Média – se torna o centro da Igreja iluminada pelo Espírito, não faz nenhuma menção à sua perfeição, mas, bem mais que isso, permite que esta seja percebida como uma perfeição autenticamente humana. O que é singular, em relação a ela, é que o Espírito de Pentecostes, no fundo, não faz nada além de mostrar-lhe o conteúdo de sua própria experiência, do modo como sua memória a conservava. Uma memória que abrigava todos os dogmas da revelação em uma unidade e integração perfeitas.

Não é possível afirmar que Maria tenha participado de uma celebração eucarística e nela comungado; no entanto, ela sabe, melhor que qualquer santo ou pecador, o que significa receber plenamente, em si, o Filho; ela permanece como que por trás de cada sagrada comunhão, enquanto "ecclesia immaculata", que realiza de modo completo aquilo que realizamos de modo incompleto e imperfeito. Certamente ela não recebeu o sacramento da penitência, mas ninguém abriu toda a sua alma diante de Deus de um modo tão exposto, e não apenas de vez em quando, mas em cada momento de sua existência. Nesse sentido, ela é, para a Igreja, "Sede da Sabedoria", não porque conhece mais sobre as verdades abstratas do que o mais douto dos teólogos, mas porque "ouviu e seguiu" (Lc 11,28) a Palavra de Deus da maneira mais plena, e foi iluminada da maneira mais plena pelo Espírito Santo sobre essa sua recepção da Palavra de Deus. Com efeito, como afirma Santo Agostinho, ela concebeu o Filho do Pai "com o seu espírito, em primeiro lugar, e somente depois com o seu corpo". Por isso mesmo, ela deu à luz, à Igreja e ao mundo, "primeiramente em seu espírito, e em seguida com o seu corpo", e isso não apenas em uma única vez, em um único momento da história da Igreja e do mundo. Nela pode-se reconhecer que a fé perfeita, que a Encarnação tornou possível, contribui para uma experiência e um conhecimento igualmente perfeitos. Com certeza ela veio a conhecer, finalmente, toda a profundidade e extensão do seu papel no plano salvífico de Deus em sua Assunção ao céu, em corpo e alma, e manteve esse conhecimento à disposição também dos fiéis.

3.
MESTRA DA IGREJA

O que Maria deseja, através das diversas épocas da Igreja, não é que a veneremos enquanto pessoa individual, mas que reconheçamos a profundidade do amor de Deus na obra de sua Encarnação e Redenção. Uma vez que ela viveu na casa do discípulo amado, seria estranho se o Evangelho do amor de Deus Uno e Trino, revelado em Cristo, não fosse inspirado também por sua presença e suas palavras. Certamente, é característico que a primeira aparição mariana que nós ouvimos de uma fonte segura seja aquela relatada por Gregório de Nissa, acerca da visão do jovem discípulo de Orígenes, Gregório, o Taumaturgo, enquanto se preparava para ser sagrado bispo:

> Certa noite, enquanto refletia sobre os artigos da fé, apareceu-lhe a figura de um ancião, com porte e vestimentas de um sacerdote, que disse que iria lhe mostrar a Sabedoria divina, a fim de sanar sua incerteza. Com sua mão mostrou-lhe o lado, apontando outra figura, com uma dignidade sobre-humana, e um esplendor quase impossível de contemplar. Esta disse a João Evangelista que deveria esclarecer os mistérios da fé ao jovem, com o que João explicou que ele faria de muito bom grado aquilo que desejava a Mãe do Senhor, e explicou, com palavras claras, o mistério da Trindade a Gregório.

Gregório escreveu imediatamente o que lhe foi dito, e em seguida anunciou-as em pregação diante do povo (Patrol. Graeca, v. 10, 984-988, v. 46, 912-913). É uma das mais belas e claras formulações da fé que nós possuímos.

O desejo de Maria é também claramente explicitado nas palavras dirigidas a seu Filho, que Santo Efrém coloca em seus lábios: "Enquanto vejo tua Figura exterior, que pode ser vista com os olhos físicos, meu espírito compreende tua Figura oculta. Com os olhos, vejo a forma de Adão; em tua forma oculta, vejo o Pai, que habita em ti. Apenas a mim tu mostraste tua glória nas duas formas. Que possa a Igreja, assim como tua Mãe, contemplar-te tanto na forma visível quanto na forma misteriosa!".

Somente no céu teremos condição de avaliar o quanto do entendimento da fé a Igreja deve a Maria, e, com efeito, o entendimento dos "simples", mais que o dos "doutos e sábios". Por isso, torna-se impossível escrevermos uma história dos ensinamentos de Maria através dos séculos. Podemos arriscar apenas uma palavra sobre o significado das aparições de Maria, tão numerosas nos últimos tempos. Pelo fato de ter sido tão contemplativa na terra (afirma Adrienne von Speyr), Maria pode ser tão ativa no céu, isto é, permitindo que a Igreja compartilhe da plenitude de sua memória. Simplesmente mostrando-se a si mesma, ela nos conduz para dentro do mistério que é a Igreja, em sua essência: uma pura obra da graça de Deus. Justamente por uma humildade perfeita, Maria pode mostrar-se a si mesma, pois não mostra nada além daquilo que é o resultado da graça onipotente de Deus, e, ao mesmo tempo, aquilo a que devemos aspirar, para que nos tornemos vasos apropriados para essa graça, a fim de desempenhar o verdadeiro papel da Igreja (enquanto Corpo e Esposa de Cristo), em sua missão redentora para o mundo.

O rosário tem também desempenhado um papel constante nas recentes aparições de Maria; ela tem deslizado seus dedos pelas contas do rosário, junto com aqueles que o rezam. Qual o motivo disso? Que se prefira rezar para ela e não para Cristo ou o Pai? Ao contrário: é para que, a partir de sua perspectiva, a partir de sua memória, possamos olhar para os mistérios da vida de Jesus – e, com isso, contemplemos o mistério da obra trinitária da Redenção. Nossos olhos são turvos e embotados; nós temos (e seja-nos, aqui, perdoada a metáfora) de pôr os óculos de Maria para enxergarmos com exatidão. "Aquele que foi por nós flagelado": o significado dessas palavras somente se torna claro para nós, em certa medida, se sentirmos o efeito que essa flagelação teve no espírito e no coração de Maria. Não se trata, apenas, de um pouco de compaixão; as filhas de Jerusalém se puseram a chorar, no caminho da cruz. A Mãe, porém, caminha junto, incógnita e velada, no mais elevado vigor e na mais elevada fraqueza, a um só tempo; o seu coração é o verdadeiro lenço branco da lendária Verônica. O que Cristo, o que Deus é para ela torna-se modelo daquilo que deveria ser para nós, e isso acontece quando procuramos, de modo simples, olhar para os mistérios da redenção através dela.

Somos esquecidos. Coisas que já ouvimos demais desvanecem em nossa memória. A memória de Maria permanece tão fresca, ao longo dos séculos, quanto no primeiro dia. Deixemos que ela apareça diariamente diante dos nossos olhos, do mesmo modo como ela fica visível diante de algumas crianças escolhidas. Não há abismo algum entre elas e nós; na verdade, é como João Evangelista afirma: para o cristão que vive, de fato, a fé e o conhecimento são a mesma coisa. "Nós cremos e reconhecemos que tu és o Santo de Deus" (Jo 6,69). "Agora vemos que sabes tudo [...] Por isso cremos que saíste de Deus" (Jo 16,30). A fé é a entrega da pessoa por inteiro; uma vez que Maria, desde sempre, entregou tudo, sua memória foi a tábua perfeita sobre a qual o Pai, através do Espírito, pôde escrever sua Palavra por inteiro.

IV.
CASAMENTO E VIRGINDADE

1.
A HERANÇA DE ISRAEL

Maria é única, mas nem por isso isolada, e a piedade mariana não deveria, igualmente, isolá-la. Muitas representações artísticas colocam-na como parte de uma comunidade: o retrato com Santa Ana mostra Maria inserida na sucessão de gerações da qual faz parte; o encontro com Isabel mostra, em um maravilhoso simbolismo, a mais íntima unidade entre a Antiga e a Nova Aliança: o filho de Maria abençoa o seu precursor; vemos, frequentemente, as duas crianças brincando juntas, sob os cuidados das mães; a troca de alianças entre Maria e José é também representada, e, com mais frequência ainda, sua permanência com João aos pés da cruz; finalmente, o semblante atônito dos apóstolos diante de sua Assunção aos céus, ao lado do túmulo cheio de flores. Por mais solitária que ela possa ter sido, não foi jamais isolada. No encontro com o anjo, ela já estava definitivamente comprometida em um noivado, e, desde a cruz, seu filho a coloca, de modo igualmente definitivo, no centro da Igreja.

Os estágios preliminares em Israel foram, nela, percorridos e superados. Duas coisas devem ser aqui comentadas: a santidade do casamento no povo antigo, e as formas com que os profetas representavam a atitude de Deus como Esposo de Israel.

Uma vez que Israel esperava, no futuro, a vinda de seu Messias, o casamento era ali considerado sagrado. A esterilidade era tida como motivo de vergonha, pois em nada contribuía para a vinda do Messias (Gn 30,23; 1Sm 1,5-8); quando Isabel, de idade avançada e tida como estéril, ficou grávida de João Batista, exclamou: "Isto fez por mim o Senhor, quando se dignou retirar o meu opróbrio perante os homens" (Lc 1,25). É ainda mais significativo que Deus venha a ajudar o homem em sua infertilidade; quando Abraão é ajudado a gerar o filho da promessa, quando Zacarias é ajudado a gerar o precursor de Jesus: pode-se questionar sempre quem, afinal, está aqui gerando, Deus ou o homem. Aquilo que aconteceu com Abraão, isto é, que seu corpo, já tido como morto, tenha dado fruto, equivale nele a uma "ressurreição dos mortos" (Rm 4,17; Hb 11,19); ele tem consciência de que Deus age através dele. Zacarias, por sua vez, embora gere o filho, é marcado com um castigo, uma vez que não tinha a mesma fé pura de Abraão. O que o homem não consegue, Deus consegue nele, e cabe ao homem reconhecê-lo. José, de quem falaremos mais adiante, é o ponto culminante dessa linhagem.

Antes, porém, examinemos o segundo tema, em Israel, que aponta para o futuro. O adultério do povo, em sua aliança com Deus, deve ser-lhe colocado diante dos olhos, através dos gestos dos profetas: o que eles fazem e sofrem com isso é algo como uma incipiente encarnação da Palavra divina. Entre muitos outros, Jeremias também é proibido de se casar: "Não tomes para ti mulher e não tenhas filhos e filhas neste lugar" (Jr 16,2), pois o profeta deve mostrar que Deus não quer ter mais nenhuma ligação com a noiva infiel. Ezequiel é avisado da morte repentina de sua mulher, "o desejo dos teus olhos", mas "não deves fazer lamentação, nem deves chorar, nem permitir que te corram as lágrimas. Geme em silêncio, não ponhas luto por mortos" (Ez 24,15ss). Por quê? Porque Iahweh também não fica mais de luto pela queda e exílio do povo infiel.

Mais duro é o encargo dado a Oseias, de ter de se casar com uma prostituta (ou Gomer era, desde o início, uma prostituta, ou se tornou infiel ao profeta), e gerar com ela "filhos da prostituição", na medida em que a culpa da mãe passa para os filhos. Eles possuem nomes correspondentes a essa realidade, como *Lo-Ruhamah*, "aquela de quem não se tem piedade" (Os 1,2-9). Deus esclarece que seu relacionamento com o povo será caracterizado por isso, mas por fim abre uma perspectiva para uma futura reconciliação com os infiéis (Os 2,4-25). Na verdade, o celibato, aqui, não se apresenta como um castigo para os profetas que se mantêm obedientes em tudo, mas como uma severa advertência para os desobedientes. O tema em questão, que aponta para o futuro, está na perfeita obediência dos profetas, no que diz respeito ao uso ou não de sua sexualidade.

2.
MARIA E JOSÉ

Talvez seja possível compreender melhor, agora, que significado teológico possui o casamento de Maria e José. Ele não é apenas necessário para que o filho de Maria possa ser reconhecido como descendente de Davi, mas também para que se chegue ao cumprimento do significado religioso do casamento no Antigo Testamento. Com ele, José leva adiante, e completa, as duas vertentes comentadas anteriormente, na medida, porém, em que ele ultrapassa a soleira da Aliança definitiva. Ele leva à plenitude a fecundidade de Abraão, que deu a Deus toda a honra e entendeu essa fecundidade como um "ressurgir dos mortos", ou seja, dando lugar, totalmente, a Deus. Para o homem que vivia para o casamento, isso representa uma renúncia pela fé, e justamente por isso, uma participação na fecundidade virginal de sua esposa. Aqui José se encontra inteiramente na esfera da Nova Aliança; fisicamente falando, ele pode parecer simplesmente o "padrasto" da criança, mas compartilha espiritualmente, de modo bem mais profundo, da paternidade de Deus, na medida em que diz um "sim" silencioso à renúncia a ele exigida pelo anjo. Sua fecundidade oculta e virginal não deve ser esquecida, se olharmos para a graça de Maria sob uma luz plena. A união matrimonial de José e Maria é modelo tanto para os casados quanto para os celibatários, na Igreja de Cristo.

Certamente, esse matrimônio aponta de modo predominante para trás: ele é a realização completa do casamento, bem como da obediência profética, em Israel; dificilmente remete adiante, rumo a um ideal questionável de um assim chamado "casamento do tipo de São José". Aquilo que realmente aponta para a frente é a ligação entre Maria e João Evangelista.

3.
MARIA E JOÃO

O que Jesus estabeleceu por último, morrendo na cruz, antes que "tudo se tivesse realizado de acordo com a Escritura", não tem mais nada em comum com o casamento: a união de Maria e João como comunidade de mãe e filho. A fecundidade humana eleva-se, aqui, definitivamente, acima da esfera da sexualidade, ainda que não em direção a uma hostilidade para com o corpo em uma "espiritualização", mas em direção a uma Igreja cujo núcleo é formado pela união eucarística de Cristo com sua "noiva" e "esposa" (Ap 21,9). Maria, virgem e fecunda, é o símbolo real dessa noiva, sua origem irrepreensível e seu objetivo final – tudo o que venha a fazer parte da Igreja deve ficar entre esse início e esse fim –, e João, o filho simbólico e real dessa Igreja, o único que, enquanto tal, foi amado por Cristo. Sendo assim, Santo Efrém pode afirmar que cada uma dessas duas figuras vê sempre Cristo no outro: em Maria, João vê a origem perfeita de seu Mestre amado, e em João, Maria vê a incorporação daquele que seu filho amou e continua amando, aquele que melhor correspondeu ao seu amor.

Dessa célula original da Igreja, instituída na Cruz, virá tudo aquilo que formará também o organismo eclesial: Pedro, já designado como pedra da Igreja, e após as três negações, recebe como dom o amor joanino, para perseverar diante da pergunta do Senhor:

"Tu me amas mais do que estes?", e em seguida receber a promessa da crucificação. João, que mantém consigo a Mãe do Senhor, é um membro do colégio dos apóstolos, e um membro destacado, que sempre aparece ao lado de Pedro, no início dos Atos dos Apóstolos: torna-se, assim, um elo de ligação entre a Igreja santa e imaculada e a Igreja organizada hierarquicamente. Ambas são inseparavelmente uma só, visíveis em sua unidade e invisíveis no mistério divino; separar uma da outra seria fatal para a Igreja e significaria negar a união entre Maria e João, instituída na Cruz.

Tem toda razão a liderança paternal da Igreja (papa quer dizer pai) quando se volta, sempre e renovadamente, para a Mãe da Igreja, pedindo-lhe auxílio e fecundidade para o cumprimento de sua função. João, que uniu Maria a Pedro, pode passar para o segundo plano (ele não é, de modo algum, um centro superior). É suficiente ter, da parte do Senhor, a promessa de "permanecer", e, com efeito, não de uma maneira tal que Pedro tivesse uma supervisão sobre a esfera do amor. "Se eu quero que ele permaneça até que eu venha, que te importa?" (Jo 21,22).

Para concluir o comentário sobre o relacionamento entre Maria e José e aquele entre Maria e João, podemos lançar um olhar sobre o matrimônio cristão. Na medida em que é um sacramento, ele é, segundo Paulo, a imagem do relacionamento Cristo-Igreja, com que o apóstolo retoma o Gênesis, onde Eva é formada a partir do lado de Adão, pois certamente a Igreja provém do Corpo eucarístico de Cristo, e assim se torna, ao mesmo tempo, seu Corpo e sua Noiva. O marido tem, por isso, de imitar diretamente o modelo de Cristo: "Vós, maridos, amai as vossas mulheres, como Cristo amou a Igreja e se entregou por ela" (Ef 5,25). Ele deve amá-la assim como se ama e se cuida da própria carne, assim como Cristo também faz com a sua Igreja, porque "somos membros do seu Corpo" (Ef 5,29s).

Em relação à Igreja, não se pode dizer que ela se entrega por Cristo (para torná-lo "santo e irrepreensível", Ef 5,27); seu amor por ele tem outra forma: o temor reverencial (Ef 5,33). "Como a

Igreja está sujeita a Cristo, estejam as mulheres em tudo sujeitas aos seus maridos" (Ef 5,24). Onde fica, então, a igualdade entre os sexos? Ela fica onde está escrito: "Submetei-vos uns aos outros no temor de Cristo" (Ef 5,21); ou: "Se a mulher foi tirada do homem, o homem nasce da mulher, e tudo vem de Deus" (1Cor 11,12). Nessa afirmação, a posição de Maria (não ressaltada por Paulo) fica mais uma vez evidente.

Se a Igreja, considerada de um ponto de vista eucarístico, provém de Cristo, este, por sua vez, provém fisicamente de Maria. E em Jesus, tanto quando criança, como também quando adulto, deverá ter havido algo como um "temor reverencial" diante da autoridade maternal de Maria, à qual ele é grato e em quem ele enaltece "aqueles que ouvem e seguem a palavra de Deus" (Lc 11,28). Esse temor recíproco no amor não impede, porém, que Maria, diante da dignidade do seu filho, corresponda totalmente a ele, inclusive nos momentos em que não o compreende. E aqui ela se insere na imagem paulina da postura da mulher diante do homem. Não se deve falar, superficialmente, de uma superação sociológica dessa visão. Maria não é uma feminista, ela permanece a "serva do Senhor", mesmo quando pode se tornar, junto ao seu filho, a "poderosa intercessora".

V.
OS POBRES

V.
OS POBRES

1.
MAGNIFICAT

Nada sabemos acerca da situação financeira de Maria; ela não tem nenhum papel relevante em seu canto de júbilo. E é isso o que é o *Magnificat*, verdadeiramente: ela não se surpreende de que Deus tenha se dignado a olhar para a "humildade de sua serva", mas simplesmente se alegra com isso, pois reconhece, nesse gesto, o Deus de Israel, que desde sempre agiu assim.

O canto que Lucas coloca em sua boca é, acima de tudo, construído de acordo com o canto de Ana (1Sm 2,1-10), no qual não se fala quase nada além dessa inversão dos relacionamentos mundanos, que, por sua vez, deixa clara a peculiar ação de Deus. Se Maria canta: "Depôs poderosos dos seus tronos, e a humildes exaltou. Cumulou de bens a famintos e despediu ricos de mãos vazias" (Lc 1,25s), Ana cantara: "Os que viviam na fartura se empregam por comida, e os que tinham fome não precisam trabalhar [...] Levanta do pó o fraco e do monturo o indigente, para os fazer assentar-se com os nobres". Ana vai mais além, em suas afirmações, que fazem eco a várias passagens do Antigo Testamento, na medida em que esclarece: "É Iahweh quem empobrece e enriquece, quem humilha e quem exalta. É Iahweh quem faz morrer e viver, faz descer ao Xeol e dele subir". Isso também pode ter um sentido positivo no Novo Testamento, se pensarmos que Deus ama os pobres e humildes –

enquanto "vê o humilde e conhece o soberbo de longe" –, e que Ele permitiu que seu Filho descesse ao reino dos mortos, para, justamente a partir daí, exaltá-lo acima de todas as coisas.

Em todos aqueles convertidos por Deus, Maria exalta não a sua justiça, mas expressamente a sua misericórdia, que "perdura de geração em geração"; através de toda a história, Ele socorre "Israel, o seu servo, lembrando de sua misericórdia". Se o "Servo de Deus", por causa de sua eleição, tivesse se esforçado para se tornar um dos "poderosos", Deus não teria podido demonstrar nele a sua misericórdia. Apenas na "humildade de sua serva", o "Todo-poderoso fez grandes coisas [...] e seu nome é santo". O pobre, que está no pó, não tem, em si, nenhuma qualidade especial como pré-requisito para que Deus venha a exaltá-lo: a misericórdia a ele dirigida tem seu fundamento único no próprio Deus, cuja livre graça encontra receptividade no espaço vazio da pobreza, ao passo que parece desnecessária no espaço totalmente preenchido dos ricos, soberbos e poderosos.

No caso de Ana, e em todo o âmbito do Antigo Testamento, o ponto de partida para a eficácia da graça divina, exaltadora e libertadora, é, antes de tudo, a pobreza social – e ali os ricos e poderosos são também descritos como os repressores, os "inimigos" de Deus, o que não é o caso no cântico de Maria – e somente depois é acentuada, gradativamente, a pura dependência de Deus, tornada evidente pela impotência da pobreza. Em Maria, no entanto, essa dependência permanece sempre no centro.

A "humildade da serva", para a qual Deus se digna a olhar, é o local escolhido para todas as mudanças e conversões no mundo, o coração da revolução divina do amor e de sua obra diária de libertação. Maria é a verdadeira teologia da libertação em pessoa, ao realizar, de modo efusivo, a profunda intuição da Antiga Aliança, que, com efeito, nela ganha uma profundidade ainda maior.

2.
"FAZEI TUDO O QUE ELE VOS DISSER"

Maria desempenha um papel misterioso no episódio das bodas de Caná. O casal anfitrião das bodas era, claramente, conhecido da família de Nazaré: a mãe fora convidada – seu marido provavelmente já havia morrido –, bem como seu filho, junto com seus amigos, que talvez já fossem considerados seus primeiros seguidores. Maria é apenas uma entre os vários convidados. Porém, ela é aquela que primeiro percebeu o embaraço daquela gente que talvez não tivesse muitas posses, e quando chamou a atenção de seu filho para a situação, certamente não o fez porque esperava dele um milagre (até então, ele não havia realizado nenhum: Jo 2,11), mas porque tinha a esperança de que ele encontrasse uma saída. O que se deve notar aqui é o olhar de Maria para a necessidade dos pobres, e seu sentimento instintivo de que o filho tinha de ficar sabendo a respeito, e que ele poderia ajudar de alguma maneira.

Em seguida, então, é como se toda a cena se erguesse um pavimento acima. Jesus assume seu ministério, não é mais simplesmente o filho daquela pessoa. E em seu ministério ele não vê Maria simplesmente como sua mãe pessoal, mas como "a Mulher", a outra, a "colaboradora", que, todavia, somente assumirá seu verdadeiro papel quando ele, na cruz, vier a se tornar finalmente o "novo Adão". Ela já havia sofrido, a espada já havia transpassado sua alma.

Ele, ao contrário, estava apenas iniciando sua caminhada em direção à sua "hora". Ali, então, ele, expropriado por todos, inclusive por Deus, mudará o vinho em seu sangue: a resposta efusiva a todo e qualquer pedido, por mais ousado que venha a ser. A "Mulher", que ele procura remeter para um momento posterior – "O que há entre mim e ti?" –, é, porém, e desde o início, a Igreja, e tem um direito, enquanto tal, a persistir em seu "pedido" (na verdade, simplesmente mostrando a pobreza das pessoas). Mas ela faz isso da maneira mais admirável, em que tudo se manifesta ao mesmo tempo: sua completa falta de interesse próprio e sua total entrega à vontade do filho, mas também sua inabalável esperança; e é justamente pela sua não insistência, pela ausência de querer fazer prevalecer sua própria vontade, que ela vence, e a hora da cruz é antecipada: não é, ainda, o vinho que se torna sangue, mas a água que se torna vinho: "Fazei tudo o que ele vos disser". É provável que em nenhum outro lugar o modo de agir de Maria esteja mais presente, como um todo, do que nessas palavras.

3.

"CHEGARAM, ENTÃO, SUA MÃE E SEUS IRMÃOS"

Em Caná, vemos Maria na companhia de pessoas materialmente pobres. Aqui (Mc 3,31) nós a vemos com aquelas pessoas espiritualmente pobres. Esses "irmãos" – primos e outros parentes próximos, ainda hoje descritos pelos árabes como "irmãos" – estão escandalizados com o comportamento extravagante de Jesus, e consideram-no um desequilibrado. Quando este apareceu em Nazaré, eles ficaram ofendidos pelo fato de ele se fazer parecer mais importante que os seus parentes: "E as suas irmãs não estão aqui entre nós?" (Mc 6,3). Já podemos ver, aqui, que eles, mesmo sem crer, pressionavam-no a agir preferencialmente em Jerusalém: "Ninguém age às ocultas, quando quer ser publicamente conhecido. Já que fazes tais coisas, manifesta-te ao mundo!" (Jo 7,4ss).

Devemos imaginar Maria no meio desse povo. Ela não pensa em contradizê-los, nem tampouco em deles se separar, como alguém que sabe mais sobre todas as coisas. Ela escuta aquele tipo de discurso diariamente e, possivelmente, até mesmo repreensões, pois devia ter educado melhor o seu filho, e não ter colocado essas coisas ridículas em sua cabeça. Ela pertence àquela parentela. A Imaculada pertence ao clã dos pecadores, a Sede da Sabedoria faz parte da parvoíce sem fundo da humanidade. Podemos tentar escutar a parentela deliberando entre si qual a melhor maneira de pôr um fim a esse disparate. Decidem, então, enviar uma expedição, com o intuito de ver em que pé estão, de fato, as coisas, e sua mãe é também levada junto. Mas os recém-chegados são mandados embora, mesmo após Jesus ser informado de que sua mãe estava entre eles. O parentesco não conta mais; trata-se, agora, de uma família totalmente diferente: aquela dos que creem em Deus e seguem a sua vontade.

Podemos imaginar o que o grupo rejeitado deve ter comentado entre si, no caminho de volta para casa. É bem provável, pois, que a família tenha decidido aqui (ainda que Marcos relate isso anteriormente, em 3,21) que ele devia ser internado. E isso não ficou apenas nas palavras, mas tentaram realizá-lo: "Os seus [...] saíram para detê-lo, porque diziam: 'Enlouqueceu!'". Maria vivia no meio deles. Não sabemos em que momento Tiago, um dos seus "irmãos", passou a crer em Jesus; ele passou a substituir Pedro em Jerusalém, quando este, liberto da prisão, teve de fugir da cidade.

Maria não se destaca no grupo. Ela permanece tão imperceptível que os evangelhos sinóticos nem sequer a notam entre as mulheres piedosas aos pés da cruz. Muitas delas são citadas pelo nome, ela não. Talvez tenha ficado consigo mesma, ao lado de João, distante das outras, oculta entre os soldados romanos, na multidão de pessoas que gritavam e escarneciam, misturada aos bandos de transeuntes que, entrando e saindo da cidade antes da festa pascal, passavam ao lado das cruzes. Uma pobre mulher entre as outras.

VI.
A FERIDA ABRE ESPAÇO

1.
A HUMILDADE É INCONSCIENTE

Quando a jovem é interpelada pelo anjo como "cheia de graça", ela se assusta. Pois, com isso, uma luz é lançada em sua própria essência, sobre a qual ela jamais havia refletido. A "pobreza de espírito" (ou a humildade, que é exatamente a mesma coisa) não é uma virtude verificável – capacidade, aptidão, habilidade, são coisas das quais se pode ter consciência –, mas a consciência irrefletida de que tudo aquilo que o homem é e possui é empréstimo e dom de Deus, com o único intuito de pôr às claras aquele que o dá. É peculiar que Israel não use nenhuma palavra para "agradecer", em seus Salmos, mas que empregue, em seu lugar, o termo "louvar" (diante de toda a comunidade). Apenas o fariseu no Templo diz (em grego): "Deus, eu te agradeço por não ser como os outros". Ele agradece por algo que ele verifica em si mesmo; os Salmos, ao contrário, apenas louvam o Deus que doa. Quando a mulher do povo louva como "bem-aventurados os seios que te amamentaram", Jesus desvia o olhar daquilo que Maria possui – e, com isso, pode oferecer – para aquilo que se recebe e somente se pode conservar como dom: "Felizes, antes, os que ouvem a palavra de Deus e a observam". Ou seja, lança o olhar para aqueles que, de tal modo despojados de si mesmos, expropriaram-se de seu núcleo mais íntimo, de sua "consciência", para dar lugar à Palavra de Deus.

Somente o pecador se curva sobre o seu próprio "eu"; aquela que é isenta de pecado (a única) não conhece esse olhar retroativo: ela olha diretamente para fora de si mesma, para o Bem, e "ninguém é bom, senão Deus" (Mc 10,18). É exatamente essa não consciência de ser isenta de pecado que faz de Maria a "Sede da Sabedoria". A Sabedoria não é uma posse, mas uma "luz resplandecente" que vem de Deus, "contemplada por aqueles que a amam", e que "se deixa encontrar por aqueles que a buscam" (Sb 6,12). Sua luz é dada ao pobre e humilde, para que dela se aproprie, porém sempre de um modo tal que jamais experimente como propriedade sua essa luz que refulge nele e a partir dele, mas tenha sempre consciência de sua origem, e do movimento da graça, com o qual a luz dele se apossa. Maria só pode se remeter a Jesus, assim como Jesus só pode se remeter ao Pai: "Minha doutrina não é minha, mas daquele que me enviou" (Jo 7,16).

2.
A FERIDA ENQUANTO REFÚGIO

A "pobreza", compreendida em conexão com as demais bem-aventuranças, é uma privação dolorosa, que se alinha junto com a fome, as lágrimas e as perseguições. Isso é bastante claro em uma perspectiva veterotestamentária. Mas o vazio da pobreza se torna, no Novo Testamento, uma ferida cada vez mais aberta e, com isso, criadora de um espaço. O local mais íntimo é ferido, fazendo escorrer aquilo que está escondido por último: sangue e água. Isso acontece no corpo do Senhor morto, enquanto a "espada que transpassará teu coração" fere o corpo vivo da Mãe, e deixa a descoberto o seu coração pulsante; ambos os corações se tornam, assim, lugar de refúgio, em que os pecadores podem se abrigar, assim como, na Idade Média, os criminosos perseguidos se refugiavam nos altares de certas igrejas: "In tua vulnera absconde me: esconde-me nas frestas das tuas chagas, diante da polícia e dos perseguidores".

Tais refúgios surgem pelo sangramento, e se um Longino pode emprestar, aqui, sua lança, a verdadeira arma é a "palavra de Deus, mais penetrante do que qualquer espada de dois gumes", que vai mais fundo que qualquer navalha humana: "Até dividir alma e espírito" (Hb 4,12). No Crucificado, a alma, que morre, é separada do espírito da missão, soprado para fora da cabeça pendente: para o Pai e para a Igreja; na Mãe, que condivide o seu sofrimento, cuja "alma engrandece o Senhor", e cujo espírito "exulta em Deus, meu salvador", a espada perfura entre louvor e júbilo: o júbilo é levado, com o espírito, para junto de Deus; mas fica a alma, que, na cena da retirada do corpo de Cristo da cruz, só consegue, então, na fraqueza mais extrema, suspirar o seu "Sim" de louvor.

Aqui, e somente aqui, o pecador – seja ele o opressor ou o oprimido – encontra refúgio.

> "Il n'y a pas d'ami sûr pour un pauvre,
> s'il ne trouve pas un plus pauvre que lui.
> C'est pourquoi viens, ma soeur accablée, et regarde Marie...
> Regarde Celle qui est là, sans plaints comme sans espérance,
> comme un pauvre qui trouve un plus pauvre,
> et tous deux se regardent en silence."[1]
>
> (P. Claudel)

O maior sofrimento é aquele que abriga e consola. Não com palavras que suavizam, nem com promessas de que as coisas irão melhorar, mas pelo fato de que a dor mais profunda, enquanto tal, continua a louvar, e com mais razão, assim como de um vaso de óleo perfumado que se quebra vem um aroma mais poderoso.

É um mistério inefável o modo como essa aflição abissal de uma mãe, ocorrida no tempo, venha a se transformar no louvor eterno de sua transfiguração. Seu coração permanece tão aberto quanto o de seu Filho, cujo sangue é, com efeito, continuamente oferecido como banquete eucarístico: "Meu sangue é verdadeira bebida, quem dele não bebe não tem a vida em si". Não se pode colocar o coração da Mãe, traspassado pela espada, e oferecido a todos os pobres como o mais pobre, longe do coração de seu Filho, mesmo que sua abertura seja compreendida apenas como uma referência à abertura infinita do coração do Filho ao Pai. "Eu sou a Porta", afirma ele; ela diz apenas: "Eu sou a serva, fazei tudo o que ele vos disser".

---

[1] "Não há um amigo seguro para um pobre se ele não encontra um ainda mais pobre. Por isso, venha, minha irmã oprimida, e contemple Maria... Contemple aquela que lá está, sem queixas, como sem esperança, como um pobre que encontrou um mais pobre, e os dois se olham em silêncio" [tradução livre].

3.
O MANTO PROTETOR

Ninguém – querendo ou não – fica sem lugar sob o seu manto. Pois se o seu Filho, através da Paixão, escolheu a todos para serem seus irmãos e irmãs, ela não pode senão ser a Mãe de todos eles. E, uma vez que ela foi, em primeiro lugar, sua mãe física e espiritual, e ele jamais tenha menosprezado o fato de ser seu filho, a palavra que ela coloca, com ele, aos seus filhos não pode ser algo inútil. Ele é, sem dúvida, o justo Juiz de todos nós, pois o Pai lhe deu o poder de exercer o julgamento (Jo 5,27) e o poder sobre toda a carne (Jo 17,2); mas Deus não tirou de seu Filho encarnado sua Mãe, nem tampouco a sua autoridade maternal de interceder pelos homens. Deveria, então, o seu título de "Poderosa intercessora" ser apenas um exagero piedoso? Em Caná, ela nos mostra a maneira como consegue impor as suas preocupações, superando todos os inconvenientes. Lá ela é, inicialmente, rejeitada, inclusive de modo rude; o Filho está com o pensamento voltado para suas próprias obrigações, e o pedido de Maria parece, no momento, algo que contraria o andamento planejado para o cumprimento dessas obrigações. O que faz, porém, a Sede da Sabedoria, a "mulher talentosa", em quem "confia o seu marido" (Pr 31,10s)? Ela apela simplesmente para aquilo que há de mais íntimo no coração de Jesus e em sua própria missão, ao instruir os serventes: "Fazei tudo o que ele vos disser".

Aqui vêm a coincidir simplicidade e astúcia, quando ela, em Deus, partindo do plano da justiça, atinge o plano mais profundo da misericórdia. Ela pode, enquanto mãe, agir assim, pois nenhuma mãe verdadeira castiga seus filhos, senão por amor, e está convencida de que, com isso, age mais corretamente do que seguindo toda aquela justiça "imponente", inventada pelos homens. Enquanto mulher, ela tem seu coração no coração, e não no cérebro; e sabe, igualmente, que um Deus que pensou e criou a mulher não pode ter o seu coração em nenhum outro lugar.

Com isso, todavia, o papel de Maria não acabaria por adquirir um excesso inadequado? Afinal, ela é meramente a pobre, a serva, que foi exilada no deserto da história do mundo, cuspida pelo Dragão, aquela que resiste durante os intermináveis 1.260 dias. É verdade, mas ela é, também, aquela em dores de parto, vestida com o sol e coroada com as doze estrelas, tendo a lua sob os pés, notáveis insígnias de sua maternidade incomparável. Aquele a quem ela deu a luz foi-lhe arrancado: Ele vem de Deus e a Deus pertence. Ela permanece no deserto. Mas permanece aquilo que foi e será eternamente: a Mãe. E que filho – ainda que seja Deus – esqueceria o papel de sua mãe, e sua postura diante dela? "Honrai pai e mãe..." Como o Filho do Homem, que em tudo honrou seu Pai celestial, não honraria igualmente sua Mãe?

"Honra o teu pai de todo o coração e não esqueças as dores de tua mãe. Lembra-te de que foste gerado por eles. O que lhes darás pelo que te deram?" (Eclo 7,27s).

SUMÁRIO

SUMÁRIO

5 **I. NO DESERTO**
7 1. A Mulher e o Dragão
11 2. Cuspida e alimentada
15 3. Os filhos da Mulher fazem a guerra

17 **II. DANDO À LUZ NA DOR**
19 1. Advento
23 2. "Meus filhos, por quem eu sofro de novo as dores do parto"
27 3. Dando à luz o Paraíso

31 **III. MARIA, A MEMÓRIA DA IGREJA**
33 1. As reflexões de Maria
37 2. Maria e Pentecostes
41 3. Mestra da Igreja

45 **IV. CASAMENTO E VIRGINDADE**
47 1. A herança de Israel
51 2. Maria e José
53 3. Maria e João

57	**V. OS POBRES**
59	1. Magnificat
61	2. "Fazei tudo o que ele vos disser"
63	3. "Chegaram, então, sua Mãe e seus irmãos"
65	**VI. A FERIDA ABRE ESPAÇO**
67	1. A humildade é inconsciente
69	2. A ferida enquanto refúgio
71	3. O manto protetor